Minimalismus im Kinderzimmer

Paula Wagner

„Einfachheit ist die höchste Stufe der Vollendung."

Leonardo da Vinci

Inhalt

Die Kunst des Minimalismus

Minimalismus ist mehr als nur ein Trend oder eine ästhetische Entscheidung. Es ist eine Lebensweise, die sich durch das bewusste Reduzieren auf das Wesentliche auszeichnet und dadurch Platz für das schafft, was wirklich wichtig ist. Der Minimalismus bietet eine wohltuende Alternative, die sowohl das individuelle Wohlbefinden als auch das allgemeine Lebensgefühl verbessern kann. Diese Philosophie des „Weniger ist Mehr" hat sich in vielen Bereichen des Lebens durchgesetzt und findet nun auch im Kinderzimmer Anwendung, einem Ort, der traditionell von Spielzeugbergen und buntem Chaos dominiert wird.

Die Wurzeln des Minimalismus reichen weit zurück. In der Kunst und Architektur des 20. Jahrhunderts fand der Minimalismus seinen Ausdruck in klaren Linien, schlichten Formen und der Abwesenheit überflüssiger Dekorationen. Namen wie Ludwig Mies van der Rohe und Donald Judd sind eng mit dieser Bewegung verbunden, die das Wesentliche in den Vordergrund rückt und alles Unnötige eliminiert. Doch Minimalismus ist mehr als nur ein Stil; er ist eine Denkweise, die das Leben vereinfacht und entschleunigt. In einer Zeit, in der Stress und Überforderung oft die Norm sind, kann Minimalismus eine befreiende Wirkung haben.

Warum also Minimalismus im Kinderzimmer? Kinder sind von Natur aus neugierig und kreativ. Sie brauchen Raum, um zu spielen, zu entdecken und zu wachsen. Ein überfülltes Kinderzimmer kann diese natürlichen Impulse ersticken und stattdessen zu Reizüberflutung und Stress führen. Ein minimalistisches Kinderzimmer hingegen fördert eine ruhige, geordnete Umgebung, die es den Kindern ermöglicht, sich auf das Wesentliche zu konzentrieren und ihre Kreativität frei zu entfalten. Der Minimalismus im Kinderzimmer verfolgt mehrere Ziele. Zum einen soll er die physische Umgebung der Kinder verbessern, indem er Platz schafft und die Notwendigkeit regelmäßiger Aufräumarbeiten minimiert. Zum anderen fördert er auch die psychische Gesundheit, indem er eine beruhigende und stressfreie

Atmosphäre schafft. Ein minimalistisches Kinderzimmer ist nicht nur ästhetisch ansprechend, sondern auch funktional und fördert die Unabhängigkeit der Kinder. Sie lernen, sich auf wenige, aber qualitativ hochwertige Spielzeuge zu konzentrieren und entwickeln so eine tiefere Wertschätzung für ihre Besitze. Durch den immer größer werdenden und übermäßigen Konsum bietet der Minimalismus eine Möglichkeit, bewusster und umweltfreundlicher zu leben. Weniger Spielzeug und weniger Möbel bedeuten auch weniger Ressourcenverbrauch und weniger Abfall. Ein minimalistisches Kinderzimmer lehrt die Kinder von klein auf, Verantwortung für ihre Umwelt zu übernehmen und nachhaltige Entscheidungen zu treffen.

Minimalismus ist also nicht nur ein Lebensstil, sondern auch eine Erziehungsmethode. Indem Eltern ihren Kindern ein minimalistisches Umfeld bieten, vermitteln sie ihnen wichtige Werte wie Achtsamkeit, Dankbarkeit und Verantwortungsbewusstsein. Kinder lernen, dass Glück und Zufriedenheit nicht von materiellen

Besitztümern abhängen, sondern von innerem Frieden und einer bewussten Lebensweise.

Der Übergang zu einem minimalistischen Kinderzimmer erfordert Zeit und Geduld. Es ist ein Prozess, der in kleinen Schritten erfolgt und bei dem die Bedürfnisse und Wünsche der Kinder immer im Mittelpunkt stehen sollten. Es geht nicht darum, den Kindern alles wegzunehmen, sondern ihnen eine Umgebung zu schaffen, in der sie sich wohlfühlen und in der ihre natürliche Kreativität und Neugierde gefördert werden.

In diesem Buch werden wir tiefer in die verschiedenen Aspekte des Minimalismus im Kinderzimmer eintauchen. Wir werden die spezifischen Vorteile eines minimalistischen Kinderzimmers erörtern, praktische Tipps zur Planung und Umsetzung geben und zeigen, wie Eltern ihre Kinder auf diesem Weg unterstützen können.

Minimalisums ist eine Einladung, das Leben zu vereinfachen, bewusster zu leben und Platz für das zu schaffen, was wirklich zählt.

Warum Minimalismus im Kinderzimmer?

Ein minimalistisches Kinderzimmer kann zahlreiche Vorteile bieten, die weit über die bloße Ästhetik hinausgehen. Ein aufgeräumtes und bewusst gestaltetes Zimmer kann eine wohltuende Wirkung auf Kinder haben. Doch was genau sind die spezifischen Vorteile eines minimalistischen Kinderzimmers?

Zunächst einmal fördert ein minimalistisches Kinderzimmer die körperliche Gesundheit der Kinder. Weniger Möbel und Spielzeug bedeuten weniger Staub und Schmutz, was besonders für Kinder mit Allergien oder Asthma von Vorteil ist. Ein aufgeräumter Raum lässt sich zudem leichter reinigen, was die Hygiene insgesamt verbessert. Kinder können sich in einem solchen Umfeld freier bewegen und ihre motorischen Fähigkeiten entwickeln, ohne ständig über Spielzeug oder andere Gegenstände zu stolpern.

Darüber hinaus hat ein minimalistisches Kinderzimmer auch positive Auswirkungen auf die geistige

Gesundheit der Kinder. Studien haben gezeigt, dass eine übermäßige Anzahl von Spielzeugen und Reizen zu Stress und Überforderung führen kann. In einem minimalistischen Raum hingegen können sich Kinder besser konzentrieren und fühlen sich weniger abgelenkt. Ein aufgeräumtes Umfeld vermittelt ein Gefühl von Ruhe und Sicherheit, was besonders für kleine Kinder wichtig ist, die noch dabei sind, ihre Welt zu entdecken und zu verstehen.

Ein weiterer Vorteil eines minimalistischen Kinderzimmers ist die Förderung der Kreativität. Weniger Spielzeug bedeutet nicht, dass Kinder weniger spielen – im Gegenteil. Mit weniger vorgefertigten Spielzeugen sind Kinder gezwungen, ihre Fantasie zu nutzen und kreative Lösungen zu finden. Ein einfaches Holzspielzeug kann auf unzählige Arten verwendet werden, während ein komplexes, spezialisiertes Spielzeug oft nur eine begrenzte Nutzung ermöglicht. Minimalismus regt die Vorstellungskraft an und ermutigt Kinder, kreativ und erfinderisch zu sein.

Auch die Organisation und Ordnung spielen eine wichtige Rolle. In einem minimalistischen Kinderzimmer gibt es weniger Dinge, die herumliegen und Unordnung verursachen können. Dies erleichtert es den Kindern, ihre Spielzeuge und Besitztümer selbstständig aufzuräumen und Verantwortung für ihren Raum zu übernehmen. Sie lernen, dass jeder Gegenstand einen festen Platz hat und dass Ordnung eine wichtige Voraussetzung für ein angenehmes Lebensumfeld ist. Diese Fähigkeiten sind nicht nur im Kinderzimmer nützlich, sondern begleiten sie auch in ihrem weiteren Leben.

Ein weiterer bedeutender Vorteil ist die Förderung der Unabhängigkeit und Selbstständigkeit der Kinder. In einem übersichtlichen und strukturierten Raum können sie leichter Entscheidungen treffen und ihre eigenen Vorlieben und Bedürfnisse erkennen. Sie lernen, selbstständig zu agieren, ohne ständig auf die Hilfe oder Anleitung von Erwachsenen angewiesen zu sein. Dies stärkt ihr Selbstvertrauen und ihre Fähigkeit, Probleme eigenständig zu lösen.

Darüber hinaus unterstützt ein minimalistisches Kinderzimmer die Entwicklung sozialer Fähigkeiten. Wenn weniger Spielzeug zur Verfügung steht, sind Kinder eher geneigt, gemeinsam zu spielen und ihre Spielsachen zu teilen. Dies fördert das soziale Miteinander und die Fähigkeit zur Kooperation. Kinder lernen, Kompromisse zu schließen, Konflikte zu lösen und auf die Bedürfnisse anderer einzugehen – wichtige Fähigkeiten, die sie ein Leben lang begleiten werden.

Zu guter Letzt hat ein minimalistisches Kinderzimmer zudem langfristige positive Auswirkungen auf das Konsumverhalten der Kinder. Sie lernen früh, dass Glück und Zufriedenheit nicht von der Menge an Besitztümern abhängen, sondern von der Qualität und dem bewussten Umgang mit den Dingen, die sie besitzen. Dies fördert eine nachhaltige und umweltbewusste Lebensweise, die sie auch in ihrer Zukunft begleiten wird. Kinder, die in einem minimalistischen Umfeld aufwachsen, entwickeln oft eine tiefere Wertschätzung für einfache, aber hochwertige Dinge und lernen, bewusst und verantwortungsvoll mit ihren Ressourcen umzugehen.

Der erste Schritt: Planung und Vorbereitung

Wie fängt man also an? Der Übergang zu einem minimalistischen Kinderzimmer beginnt mit einer sorgfältigen Planung und Vorbereitung. Dies ist der entscheidende erste Schritt, der den Weg für eine erfolgreiche und nachhaltige Umsetzung ebnet. Dabei ist es wichtig, systematisch und durchdacht vorzugehen, um sicherzustellen, dass die Umstellung sowohl für die Eltern als auch für die Kinder reibungslos verläuft.

Zu Beginn steht, wie bereits erwähnt, die Reflexion. Eltern sollten sich die Zeit nehmen, über ihre eigenen Konsumgewohnheiten und die Art und Weise nachzudenken, wie diese das Leben ihrer Kinder beeinflussen. Oft sind es die Eltern, die durch ihre Kaufentscheidungen den Grundstein für ein überfülltes

Kinderzimmer legen. Ein bewusster Blick auf das eigene Konsumverhalten kann helfen, neue, minimalistische Ansätze zu entwickeln.

Setzen Sie sich Ziele. Was möchten Sie mit einem minimalistischen Kinderzimmer erreichen? Soll der Raum ruhiger und übersichtlicher werden? Möchten Sie die Kreativität und Unabhängigkeit Ihrer Kinder fördern? Oder steht die Reduktion von Stress und Überforderung im Vordergrund? Klar definierte Ziele helfen dabei, den Fokus zu bewahren und die Motivation während des gesamten Prozesses aufrechtzuerhalten.

Nachdem die Ziele festgelegt sind, beginnt die eigentliche Planung. Ein minimalistisches Kinderzimmer bedeutet nicht nur weniger Spielzeug und Möbel, sondern auch eine durchdachte Gestaltung und Organisation des Raumes. Überlegen Sie, welche Möbel und Aufbewahrungslösungen wirklich notwendig sind und wie diese optimal genutzt werden können. Oft ist es hilfreich, sich inspirieren zu lassen, beispielsweise durch Fotos von minimalistisch eingerichteten Zimmern, die sich mit dem Thema Minimalismus beschäftigen.

Tipp:

Sehen Sie sich die Kataloge und Webseiten von Einrichtungshäusern an. Oft sind die Zimmer durch Innenraumarchitekten geplant und umgesetzt worden.

Es ist ratsam, die ganze Familie mit einzubinden. Besonders die Kinder sollten von Anfang an in den Prozess einbezogen werden. Erklären Sie ihnen die Vorteile eines minimalistischen Lebensstils und warum Sie diesen Weg gemeinsam gehen möchten. Kinder haben oft wertvolle Ideen und Anregungen, die den Übergang erleichtern können. Zudem fühlen sie sich eher verantwortlich und engagiert, wenn sie aktiv an den Entscheidungen beteiligt sind.

Ein gemeinsamer Familienrat kann helfen, alle Beteiligten auf den gleichen Stand zu bringen und mögliche Bedenken oder Widerstände zu besprechen. Hierbei ist es wichtig, offen und ehrlich zu kommunizieren und die Meinungen aller Familienmitglieder zu respektieren. Ein solcher Dialog kann nicht nur den Übergang erleichtern, sondern auch das Familiengefühl stärken und das Bewusstsein für gemeinsame Ziele und Werte schärfen.

Sobald die Planung abgeschlossen ist, folgt die Vorbereitung. Hierzu gehört in erster Linie das Ausmisten und Aussortieren. Beginnen Sie mit einer Bestandsaufnahme des Kinderzimmers. Welche Spielzeuge, Bücher und Kleidungsstücke sind wirklich notwendig? Was kann aussortiert oder gespendet werden? Es kann hilfreich sein, gemeinsam mit den Kindern zu entscheiden, welche Dinge behalten werden sollen und welche nicht. Dabei sollten Sie darauf achten, den Kindern den Wert und die Bedeutung ihrer Entscheidungen zu vermitteln.

Das Ausmisten kann in Etappen erfolgen, um den Prozess überschaubar und weniger überwältigend zu gestalten. Beginnen Sie mit einem Bereich, zum Beispiel dem Spielzeug, und arbeiten Sie sich Schritt für Schritt durch den Raum. Achten Sie darauf, die Kinder in den Prozess einzubeziehen und ihnen zu erklären, warum bestimmte Dinge aussortiert werden. Dies kann ihnen helfen, ein Bewusstsein für Minimalismus zu entwickeln und den Wert von Einfachheit zu schätzen.

Ein weiterer wichtiger Schritt in der Vorbereitung ist die Organisation des verbleibenden Besitzes. Überlegen Sie, wie Sie den verfügbaren Raum optimal nutzen können. Welche Aufbewahrungslösungen sind am sinnvollsten? Wie können Sie den Raum so gestalten, dass er sowohl funktional als auch ästhetisch ansprechend ist? Oftmals kann es hilfreich sein, sich von den Prinzipien der Marie Kondo inspirieren zu lassen, die auf die Freude und den Nutzen jedes einzelnen Gegenstands abzielen.

Neben der physischen Vorbereitung ist auch die mentale Vorbereitung wichtig. Minimalismus ist mehr als nur eine Methode zur Reduktion von Besitztümern; er ist eine Einstellung, die bewusstes und achtsames Leben fördert. Eltern und Kinder sollten sich darauf einstellen, alte Gewohnheiten zu überdenken und neue, minimalistische Ansätze in ihren Alltag zu integrieren. Dies kann zunächst ungewohnt sein, aber mit der Zeit werden die Vorteile eines einfacheren, aufgeräumten Lebensstils deutlich.

Spielzeug reduzieren: Eine sinnvolle Auswahl treffen

Der Gedanke, die Menge an Spielzeug im Kinderzimmer zu reduzieren, kann auf den ersten Blick überwältigend erscheinen. Spielzeug ist oft nicht nur ein einfacher Gegenstand, sondern trägt emotionale Erinnerungen und symbolisiert Liebe und Fürsorge. Dennoch ist es möglich, eine sinnvolle Auswahl zu treffen, die sowohl die Bedürfnisse der Kinder als auch die Prinzipien des Minimalismus berücksichtigt.

Der erste Schritt bei der Reduzierung von Spielzeug besteht darin, klare Kriterien für die Auswahl festzulegen. Nicht jedes Spielzeug muss im Kinderzimmer bleiben. Es ist hilfreich, sich einige Fragen zu stellen: Wie oft wird das Spielzeug genutzt? Fördert es die Kreativität und das Lernen des Kindes? Ist es in gutem Zustand? Diese Überlegungen können als Leitfaden dienen, um eine erste Auswahl zu treffen.

Eine effektive Methode, um die Menge an Spielzeug zu reduzieren, ist das Sortieren nach Kategorien. Stellen Sie alle Spielsachen in Kategorien wie Bauklötze, Puppen, Fahrzeuge, Bücher und Bastelmaterialien zusammen. Dies gibt Ihnen einen besseren Überblick darüber, wie viele ähnliche Gegenstände vorhanden sind und welche möglicherweise doppelt oder unnötig sind. Innerhalb jeder Kategorie können Sie dann entscheiden, welche Gegenstände behalten und welche aussortiert werden sollen.

Spielzeug	Zustand 1-5	Behalten	Aussortieren

Spielzeug	Zustand 1-5	Behalten	Aussortieren

Es ist auch hier wichtig, die Kinder in diesen Prozess einzubeziehen. Erklären Sie ihnen, warum Sie das Spielzeug reduzieren möchten, und lassen Sie sie bei den Entscheidungen mitwirken. Kinder haben oft starke Meinungen über ihre Lieblingsspielzeuge, und ihre Beteiligung kann ihnen helfen, den Wert von weniger, aber dafür bedeutungsvollerem Spielzeug zu schätzen. Es kann auch hilfreich sein, gemeinsam mit den Kindern darüber nachzudenken, welche Spielzeuge gespendet oder weitergegeben werden können, um anderen Kindern eine Freude zu bereiten.

Beim Aussortieren von Spielzeug ist es hilfreich, sich auf Qualität statt Quantität zu konzentrieren. Hochwertige Spielzeuge, die vielseitig einsetzbar und langlebig sind, sollten bevorzugt werden. Solche Spielzeuge bieten oft mehr Möglichkeiten für kreatives Spielen und halten länger, was sowohl den Kindern als auch den Eltern zugutekommt. Achten Sie auf natürliche Materialien wie Holz und Stoff, die nicht nur umweltfreundlicher, sondern auch robuster und sicherer für Kinder sind.

Eine weitere Überlegung ist die Rotationsmethode. Anstatt alle Spielzeuge auf einmal im Kinderzimmer zu haben, können Sie einen Teil davon wegräumen und regelmäßig austauschen. Dies hält das Interesse der Kinder aufrecht und verhindert, dass sie sich von einer großen Menge an Spielzeug überwältigt fühlen. Es schafft auch Platz und Ordnung im Raum, was den minimalistischen Prinzipien entspricht.

Ein wichtiger Aspekt der Spielzeugreduzierung ist auch das Loslassen von sentimentalen Stücken. Es kann schwer sein, sich von Spielzeugen zu trennen, die emotionale Erinnerungen tragen, besonders wenn sie Geschenke von geliebten Menschen sind. Ein möglicher Ansatz ist es, ein paar besonders wertvolle Stücke aufzubewahren und den Rest weiterzugeben. Fotografieren Sie besondere Spielzeuge, um die Erinnerungen zu bewahren, ohne den physischen Platz zu beanspruchen.

Regelmäßiges Ausmisten ist äußerst sinnvoll. Kinder wachsen schnell und ihre Interessen ändern sich ständig. Ein halbjährlicher oder jährlicher Check kann helfen, das Kinderzimmer aufgeräumt und übersichtlich zu halten. Setzen Sie sich gemeinsam mit den Kindern Ziele und belohnen Sie sie für ihre Mithilfe beim Aufräumen und Aussortieren.

Schließlich sollten Sie auch die Rolle der Geschenke bedenken. Viele Spielzeuge kommen als Geschenke von Verwandten und Freunden ins Haus. Es ist wichtig, offen über Ihre minimalistischen Ziele zu kommunizieren und alternative Geschenkideen vorzuschlagen. Erlebnisse, Bücher oder praktische Gegenstände können eine wertvolle Alternative zu traditionellen Spielzeugen darstellen und tragen dazu bei, die Prinzipien des Minimalismus zu wahren.

Das Reduzieren von Spielzeug erfordert Zeit und Geduld, doch die Vorteile sind vielfältig. Weniger Spielzeug bedeutet weniger Unordnung, weniger Ablenkung und mehr Raum für Kreativität und freies Spiel. Kinder lernen, den Wert von Dingen zu schätzen,

Verantwortung für ihre Besitztümer zu übernehmen und bewusste Entscheidungen zu treffen.

Organisieren und Aufbewahren: Ordnung schaffen

Ein minimalistisches Kinderzimmer erfordert nicht nur eine Reduktion von Spielzeug und Gegenständen, sondern auch eine durchdachte Organisation und Aufbewahrung. Die richtige Organisation hilft dabei, das Kinderzimmer übersichtlich und funktional zu gestalten, sodass Kinder sich wohlfühlen und leicht Ordnung halten können.

Der erste Schritt zur Organisation ist das Schaffen von klaren Strukturen. Besitzen Sie auch Kisten, in denen das Spielzeug wild durcheinander aufbewahrt wird? Jedes Spielzeug, Buch und Kleidungsstück sollte einen festen Platz haben. Dies erleichtert es den Kindern, ihre Sachen selbstständig aufzuräumen und ihre Umgebung sauber und geordnet zu halten. Ein gut durchdachtes Aufbewahrungssystem ist dabei unerlässlich.

Regale und Boxen sind hierbei besonders nützlich. Offene Regale bieten den Vorteil, dass Kinder ihre Spielsachen leicht sehen und erreichen können. Achten Sie darauf, dass die Regale in einer für Kinder zugänglichen Höhe angebracht sind, sodass sie ihre Spielsachen selbstständig entnehmen und zurückstellen können. Allerdings sollten Sie die Regale nicht zu voll stellen, damit es immer noch aufgeräumt und einladend wirkt.

Boxen und Körbe sind ideal, um kleinere Gegenstände und Spielzeugsets aufzubewahren. Durch die Verwendung von transparenten oder beschrifteten Boxen können Kinder schnell erkennen, was sich darin befindet, und so leichter Ordnung halten.

Ein weiterer nützlicher Ansatz ist das Einteilen des Kinderzimmers in verschiedene Zonen. Schaffen Sie separate Bereiche für Spielen, Lernen und Schlafen. Dies hilft den Kindern, sich auf die jeweilige Aktivität zu konzentrieren und fördert eine klare Struktur im Raum. Ein Spielbereich mit einem Teppich oder einer Spielmatte kann beispielsweise dazu einladen, dort zu spielen, während ein Schreibtisch im Lernbereich für Hausaufgaben und kreative Tätigkeiten genutzt wird.

Auch die Nutzung von Möbeln mit Mehrfachfunktion ist im minimalistischen Kinderzimmer von Vorteil. Ein Bett mit integriertem Stauraum oder eine Sitzbank mit Aufbewahrungsfach kann zusätzlichen Platz schaffen und helfen, Ordnung zu halten. Achten Sie darauf, dass die Möbelstücke robust und kindgerecht sind, sodass sie den täglichen Anforderungen standhalten.

Überprüfen Sie regelmäßig den Inhalt der Aufbewahrungsboxen und Regale und sortieren Sie aus, was nicht mehr benötigt. Dies verhindert, dass sich unnötige Gegenstände ansammeln und das Zimmer überladen wirkt.

Setzen Sie feste Zeiten, beispielsweise vor dem Zubettgehen oder nach dem Spielen, um gemeinsam mit den Kindern aufzuräumen. Machen Sie daraus eine positive und spielerische Aktivität, die den Kindern Freude bereitet und ihnen zeigt, dass Aufräumen ein natürlicher Teil des täglichen Lebens ist.

Wie bringe ich mein Kind dazu, sein Zimmer aufzuräumen?

Routine etablieren

Kinder lieben Routinen, weil sie ihnen Sicherheit geben. Setze Sie feste Zeiten für das Aufräumen fest. Wenn das Aufräumen Teil des täglichen Ablaufs wird, wird es bald zur Gewohnheit.

Vorbild sein

Kinder orientieren sich stark an den Verhaltensweisen ihrer Eltern. Wenn Sie selbst organisiert sind und regelmäßig aufräumen, wird es wahrscheinlicher, dass Ihre Kinder dieses Verhalten nachahmen. Zeigen Sie ihnen, wie man aufräumt, indem Sie mit ihnen zusammen aufräumen.

Spielerische Ansätze

Kinder lernen durch Spielen. Sie können das Aufräumen in ein Spiel verwandeln, indem Sie zum Beispiel eine Stoppuhr benutzen und sie herausfordern, das Zimmer in einer bestimmten Zeit aufzuräumen. Auch Musik kann helfen – lassen Sie sie beim Aufräumen zu ihrer Lieblingsmusik tanzen!

Aufgaben aufteilen

Teilen Sie das Aufräumen in kleinere, machbare Aufgaben auf. Anstatt zu sagen: „Räum dein Zimmer auf!", geben Sie spezifische Anweisungen wie: „Stelle alle Bücher ins Regal" oder „Lege das Spielzeug in die Kiste". Das macht die Aufgabe überschaubarer und motiviert Ihre Kinder, Schritt für Schritt vorzugehen.

Positive Verstärkung

Loben Sie Ihre Kinder, wenn sie ihre Aufgabe gut gemacht haben. Positive Verstärkung motiviert sie, das Verhalten zu wiederholen. Sie können auch kleine

Belohnungen anbieten, wenn das Zimmer besonders ordentlich ist.

Gemeinsam Ordnung schaffen

Manchmal hilft es, gemeinsam mit den Kindern zu entscheiden, was wohin gehört. Wenn sie bei der Organisation ihres Zimmers mitbestimmen dürfen, fühlen sie sich eher verantwortlich dafür, es ordentlich zu halten.

Geduld und Verständnis

Seien Sie geduldig. Nicht jedes Kind wird sofort begeistert aufräumen wollen. Verständnis und eine liebevolle, aber konsequente Herangehensweise sind entscheidend. Erinnern Sie sie freundlich, aber beständig daran, warum Ordnung wichtig ist.

Ein weiterer Tipp zur Organisation ist die Nutzung von Haken und Kleiderstangen. Diese bieten zusätzliche Aufbewahrungsmöglichkeiten für Kleidung, Taschen oder Accessoires und helfen, den Boden frei von Gegenständen zu halten. Auch hier gilt: Achten Sie darauf, dass die Haken und Stangen in einer für Kinder erreichbaren Höhe angebracht sind, sodass sie ihre Sachen selbstständig aufhängen können.

Eine gute Beleuchtung ist ebenfalls wichtig, um ein übersichtliches und einladendes Kinderzimmer zu schaffen. Helle und gut platzierte Lichtquellen erleichtern nicht nur das Finden und Aufräumen von Spielzeug, sondern schaffen auch eine angenehme Atmosphäre. Nutzen Sie natürliche Lichtquellen, wann immer möglich, und ergänzen Sie sie mit kindgerechten Lampen und Leuchten.

Tipp:

Kinderzimmer sollten für unterschiedliche Aktivitäten unterschiedliche Lichttemperaturen bieten. Kälteres Licht (ab etwa 4000 Kelvin) ist für den Schreibtisch geeignet, da es die Aufmerksamkeit fördert, während wärmeres Licht (2700–3000 Kelvin) für Abendaktivitäten und vor dem Schlafengehen angenehmer ist, da es eine entspannende Atmosphäre schafft.

Kinderzimmer müssen knallbunt sein? Nicht unbedingt. Die Farbauswahl spielt eine große Rolle bei der Organisation und dem Erscheinungsbild des minimalistischen Kinderzimmers.

Neutrale Farbtöne als Basis

Eine neutrale Farbpalette bildet oft die Grundlage eines minimalistischen Kinderzimmers. Farbtöne wie Weiß, Beige, Grau oder sanfte Pastelltöne sorgen für ein sauberes und geordnetes Erscheinungsbild. Diese Farben haben eine beruhigende Wirkung und helfen dabei, den Raum optisch zu vergrößern. Ein neutraler Hintergrund schafft zudem eine flexible Basis, die es ermöglicht, mit Akzenten zu spielen, ohne dass der Raum überladen wirkt.

Gezielte Farbakzente setzen

Auch wenn der Großteil des Zimmers in neutralen Tönen gehalten ist, können Farbakzente gezielt eingesetzt werden, um Lebendigkeit und Persönlichkeit einzubringen. Diese Akzente können in Form von bunten Kissen, Decken, Vorhängen oder Bildern an den Wänden gesetzt werden. Wichtig ist, dass die Akzente in Maßen eingesetzt werden, um die minimalistische Ästhetik zu bewahren. Eine Faustregel könnte sein, eine oder zwei Akzentfarben auszuwählen und diese sparsam, aber gezielt im Raum zu verteilen.

Die psychologische Wirkung von Farben

Farben haben eine nachgewiesene Wirkung auf die Psyche und das Verhalten von Kindern. Während Blautöne beispielsweise beruhigend wirken und die Konzentration fördern können, haben Gelbtöne eine anregende und fröhliche Wirkung. Grüntöne stehen für Harmonie und Naturverbundenheit und können eine beruhigende Atmosphäre schaffen. Bei der Auswahl von Akzentfarben im Kinderzimmer ist es sinnvoll, die psychologische Wirkung der Farben zu berücksichtigen, um die gewünschte Stimmung im Raum zu erzeugen.

Monochrome Farbkonzepte

Ein monochromes Farbkonzept, bei dem unterschiedliche Schattierungen derselben Farbe verwendet werden, kann ebenfalls sehr wirkungsvoll sein. Solch ein Ansatz bringt Tiefe und Struktur in den Raum, ohne ihn visuell zu überladen. Beispielsweise können verschiedene Grautöne kombiniert werden, um ein modernes und zugleich warmes Ambiente zu schaffen. Durch die Verwendung von Texturen und Materialien in ähnlichen Farbtönen kann ein harmonisches Gesamtbild entstehen.

Kontraste für Dynamik

Auch in einem minimalistischen Kinderzimmer darf es an Dynamik nicht fehlen. Kontraste, wie etwa eine einzelne farbige Wand in einem ansonsten neutralen Raum, können interessante visuelle Effekte erzeugen. Solche Kontraste sollten jedoch dezent eingesetzt werden, um die Ruhe des Raumes nicht zu stören. Ein sanfter Übergang zwischen den Farben, etwa durch sanfte Verläufe oder das Einbinden der Akzentfarbe in kleinere Dekoelemente, kann hier hilfreich sein.

Die Rolle von Weiß

Weiß ist die wohl am häufigsten verwendete Farbe in minimalistischen Räumen. Es reflektiert Licht und lässt den Raum größer und heller erscheinen. Ein rein weißer

Raum kann jedoch schnell steril wirken, weshalb es wichtig ist, Weiß mit anderen Farben und Materialien zu kombinieren. Durch den Einsatz von Holzelementen, farbigen Textilien oder grünen Pflanzen kann ein harmonisches Gleichgewicht erreicht werden, das dem Raum Wärme und Lebendigkeit verleiht.

Zusammengefasst erfordert die Organisation und Aufbewahrung im minimalistischen Kinderzimmer eine durchdachte Planung und regelmäßige Pflege. Durch klare Strukturen, kindgerechte Aufbewahrungslösungen und die Einbeziehung der Kinder in den Aufräumprozess kann ein aufgeräumtes und funktionales Umfeld geschaffen werden. Dies fördert nicht nur die Ordnung und Sauberkeit, sondern auch die Selbstständigkeit und das Verantwortungsbewusstsein der Kinder.

Minimalistische Einrichtung: Weniger ist mehr

Die Einrichtung eines Kinderzimmers nach minimalistischen Prinzipien geht über die bloße Verringerung von Spielzeug und Gegenständen hinaus. Es geht darum, einen Raum zu schaffen, der funktional, ästhetisch ansprechend und beruhigend ist. Ein minimalistisches Kinderzimmer fördert nicht nur die körperliche und geistige Gesundheit der Kinder, sondern unterstützt auch ihre Kreativität und Unabhängigkeit.

Bei der Einrichtung eines minimalistischen Kinderzimmers ist es wichtig, sich auf das Wesentliche zu konzentrieren. Wählen Sie Möbelstücke, die multifunktional und zeitlos sind. Ein Bett, das gleichzeitig als Stauraum dient, ein Schreibtisch mit integrierten Regalen oder eine Sitzbank mit Aufbewahrungsfach sind Beispiele für funktionale Möbel, die den Raum optimal nutzen und gleichzeitig für Ordnung sorgen. Achten Sie darauf, dass die

Möbelstücke robust und sicher sind, um den täglichen Belastungen standzuhalten.

Die Auswahl der Möbel sollte zudem auf Qualität statt Quantität basieren. Hochwertige, langlebige Möbelstücke sind nicht nur nachhaltiger, sondern auch oft sicherer und gesünder für Kinder. Vermeiden Sie Möbel, die schnell kaputt gehen oder aus minderwertigen Materialien gefertigt sind. Investieren Sie stattdessen in Möbel, die mit den Kindern mitwachsen und deren Bedürfnisse langfristig erfüllen können.

Dekoration sollte sparsam und bewusst eingesetzt werden. Wählen Sie einige wenige, aber bedeutungsvolle Dekorationsstücke, die den Raum persönlich und einladend machen, ohne ihn zu überladen. Familienfotos, selbstgemalte Bilder oder ein besonderes Kuscheltier können dem Raum eine persönliche Note verleihen und gleichzeitig eine warme und heimelige Atmosphäre schaffen. Auch Pflanzen sind eine gute Möglichkeit, dem Kinderzimmer Leben und Frische zu verleihen. Achten Sie dabei auf kindgerechte und pflegeleichte Pflanzen.

Große Fenster, helle Vorhänge und Spiegel, die das Licht reflektieren, tragen dazu bei, den Raum hell und freundlich zu gestalten. Ergänzen Sie das natürliche Licht mit o.g. Lichtquellen wie Stehlampen, Tischlampen oder Lichterketten, die eine gemütliche und beruhigende Atmosphäre schaffen.

Auch der Bodenbelag ist ein wichtiger Bestandteil der minimalistischen Einrichtung. Wählen Sie pflegeleichte und langlebige Materialien, die gleichzeitig komfortabel und kindgerecht sind. Holzböden, Laminat oder hochwertige Teppiche sind gute Optionen, die dem Raum eine warme und einladende Note verleihen. Vermeiden Sie Teppiche oder Bodenbeläge, die schwer zu reinigen sind oder schnell verschleißen.

Ein minimalistisches Kinderzimmer sollte auch genügend Platz für freies Spiel und Bewegung bieten. Überladen Sie den Raum nicht mit unnötigen Möbeln oder Dekorationsstücken. Lassen Sie ausreichend

Freiflächen, auf denen die Kinder spielen, toben und ihrer Kreativität freien Lauf lassen können. Ein leerer Raum ist kein leerer Raum im negativen Sinne, sondern ein Ort voller Möglichkeiten und Freiheiten.

Die Funktionalität steht im Mittelpunkt der minimalistischen Einrichtung. Jeder Gegenstand im Raum sollte einen klaren Zweck erfüllen und einen Mehrwert bieten. Vermeiden Sie unnötige Dekorationen oder Möbelstücke, die nur Platz wegnehmen und keinen praktischen Nutzen haben. Stellen Sie sicher, dass alle Möbelstücke und Aufbewahrungslösungen einfach zu bedienen und kindgerecht sind, damit die Kinder selbstständig agieren und Verantwortung für ihren Raum übernehmen können.

Ein minimalistisches Kinderzimmer sollte sich den sich ändernden Bedürfnissen und Interessen der Kinder anpassen können. Wählen Sie daher Möbelstücke und Dekorationen, die leicht umgestellt oder ausgetauscht werden können. Ein modularer Ansatz, bei dem einzelne Elemente je nach Bedarf hinzugefügt oder entfernt werden können, bietet die notwendige Flexibilität und sorgt dafür, dass der Raum immer den aktuellen Bedürfnissen der Kinder entspricht.

Kreatives Spielen ohne Überfluss

Es kann eine Herausforderung sein, Kindern die Freude am einfachen und kreativen Spielen nahezubringen. Ein minimalistisches Kinderzimmer fördert diese Art des Spielens, indem es Raum und Anreize für kreative Aktivitäten schafft, ohne von einer Vielzahl an Spielzeugen überwältigt zu werden.

Kreatives Spielen ist sehr wichtig für die Entwicklung von Kindern. Es unterstützt nicht nur ihre kognitiven Fähigkeiten, sondern auch ihre soziale und emotionale Entwicklung. Ein minimalistischer Ansatz bedeutet jedoch nicht, dass den Kindern weniger Möglichkeiten zum Spielen geboten werden. Im Gegenteil, es ermutigt sie, ihre Fantasie und Kreativität zu nutzen, um mit einfachen Mitteln Großes zu schaffen.

Ein Schlüssel zum kreativen Spielen ohne Überfluss ist die Auswahl von Spielzeug, das vielseitig einsetzbar ist. Bauklötze, Klemmbausteine und einfache Holzspielzeuge sind perfekte Beispiele dafür. Diese Spielzeuge können auf unzählige Weisen verwendet werden, was die Kinder dazu anregt, immer wieder neue Spielideen zu entwickeln. Sie können Bauwerke, Fahrzeuge oder Fantasiewelten erschaffen und so ihre Kreativität voll entfalten.

Rollenspiele sind ebenso eine wunderbare Möglichkeit für Kinder, ihre sozialen Fähigkeiten zu entwickeln und ihre Fantasie zu nutzen. Mit nur wenigen Requisiten wie Tüchern, Hüten und einfachen Kostümen können Kinder in verschiedene Rollen schlüpfen und Geschichten erfinden. Diese Art des Spielens fördert nicht nur die Kreativität, sondern auch das Verständnis für verschiedene Perspektiven und soziale Interaktionen.

Auch das Basteln und Handwerken sind wichtige Elemente des kreativen Spielens. Ein minimalistisches Kinderzimmer kann eine kleine Bastelstation enthalten, die mit grundlegenden Materialien wie Papier, Farben, Klebstoff und Scheren ausgestattet ist. Diese Materialien bieten den Kindern die Möglichkeit, ihrer Kreativität freien Lauf zu lassen und ihre eigenen Kunstwerke zu schaffen. Das Basteln fördert die Feinmotorik und das räumliche Denken und bietet den Kindern eine sinnvolle Beschäftigung, die ihre Vorstellungskraft anregt.

Neben dem Spielzeug spielen auch Bücher eine wichtige Rolle im kreativen Spiel. Bücher können Kinder in andere Welten entführen und ihre Fantasie anregen. Eine kleine, aber sorgfältig ausgewählte Büchersammlung kann im minimalistischen Kinderzimmer einen festen Platz haben. Regelmäßiges Vorlesen und gemeinsame Lesestunden stärken nicht nur die Bindung zwischen Eltern und Kindern, sondern fördern auch die Sprachentwicklung und die Vorstellungskraft.

Ein minimalistischer Ansatz erfordert auch, dass die Eltern ihre Kinder in ihrer Kreativität unterstützen und ermutigen. Dies kann durch gemeinsames Spielen, Basteln oder Lesen geschehen. Eltern sollten ihren Kindern zeigen, dass sie ihre kreativen Aktivitäten schätzen und sie dabei unterstützen, ihre eigenen Ideen zu entwickeln und umzusetzen. Lob und Anerkennung für ihre kreativen Werke sind dabei von großer Bedeutung.

Es ist auch wichtig, den Kindern zu vermitteln, dass sie nicht viele Spielzeuge brauchen, um Spaß zu haben und kreativ zu sein. Weniger Spielzeug bedeutet oft mehr Raum für Vorstellungskraft und Kreativität. Kinder lernen, mit dem, was sie haben, neue Welten zu erschaffen und innovative Lösungen zu finden.

Kleidung und Accessoires: Reduzieren und organisieren

Ein weiterer wichtiger Bereich, in dem der Minimalismus im Kinderzimmer angewendet werden kann, ist die Auswahl und Organisation von Kleidung und Accessoires. Kinderkleidung kann schnell unübersichtlich und chaotisch werden, besonders wenn sie ständig wachsen und ihre Bedürfnisse sich ändern. Ein minimalistischer Ansatz hilft dabei, den

Kleiderschrank übersichtlich und funktional zu gestalten.

Der erste Schritt zur Verringerung und Organisation der Kinderkleidung ist wieder eine gründliche Bestandsaufnahme. Gehen Sie alle Kleidungsstücke durch und sortieren Sie aus, was nicht mehr passt, was abgenutzt ist oder was die Kinder nicht mehr tragen. Ein praktischer Ansatz ist die Drei-Haufen-Methode: behalten, spenden/verkaufen und wegwerfen. Dies schafft schnell einen Überblick und reduziert die Menge an unnötiger Kleidung.

Bei der Auswahl der zu behaltenden Kleidungsstücke sollten Sie auf Qualität statt Quantität achten. Hochwertige, langlebige Kleidung ist nicht nur nachhaltiger, sondern sieht oft auch besser aus und fühlt sich angenehmer an. Achten Sie auf natürliche Materialien wie Baumwolle, die atmungsaktiv und hautfreundlich sind. Es lohnt sich, in ein paar gut verarbeitete Basisteile zu investieren, die vielseitig kombiniert werden können.

Eine gut organisierte Garderobe hilft dabei, den Überblick zu behalten und die tägliche Kleiderwahl zu erleichtern. Nutzen Sie Kleiderstangen, Regale und Boxen, um die Kleidung übersichtlich zu ordnen. Kleiderbügel in Kindergröße sorgen dafür, dass die Kleidung ordentlich hängt und leicht zugänglich ist. Faltbare Kleidungsstücke wie T-Shirts und Pullover können in Regalen oder Schubladen aufbewahrt werden. Beschriftete Boxen und Körbe sind ideal für Accessoires wie Mützen, Schals oder Socken.

Ebenso können Sie die Kleidung nach Jahreszeiten sortieren und außerhalb der Saison liegende Kleidungsstücke separat aufbewahren. Dies schafft Platz im Kleiderschrank und sorgt dafür, dass nur die Kleidung griffbereit ist, die aktuell benötigt wird. Eine regelmäßige Durchsicht und Anpassung der Garderobe hilft dabei, den Überblick zu behalten und den Kleiderschrank stets auf dem neuesten Stand zu halten.

Ein grober Richtwert für das Aussortieren des Kleiderschranks liegt bei etwa alle sechs Monate bis zu einem Jahr. Dieser Zeitraum ermöglicht es, saisonale Kleidungsstücke zu überprüfen und sicherzustellen, dass der Schrank nicht mit unnötigen oder nicht mehr passenden Kleidungsstücken überfüllt wird. Besonders bei Kinderkleidung, die schnell zu klein wird, kann es sinnvoll sein, den Kleiderschrank häufiger zu überprüfen, beispielsweise zu Beginn jeder neuen Jahreszeit.

Neben der Kleidung sollten auch Accessoires wie Schuhe, Mützen und Schals übersichtlich organisiert werden. Nutzen Sie Schuhregale oder -schränke, um die Schuhe ordentlich aufzubewahren und leicht zugänglich zu machen. Haken oder kleine Regale an der Wand können für Mützen, Schals und andere Accessoires verwendet werden. Auch hier gilt: Weniger ist mehr. Wählen Sie einige wenige, aber vielseitige Accessoires, die gut kombiniert werden können und die den Kindern wirklich gefallen.

Nachhaltigkeit spielt auch bei der Auswahl von Kinderkleidung eine wichtige Rolle. Achten Sie auf umweltfreundliche und faire Mode, die unter ethisch vertretbaren Bedingungen hergestellt wurde. Es gibt viele nachhaltige Marken, die hochwertige und stilvolle Kinderkleidung anbieten. Auch Second-Hand-Kleidung ist eine gute Möglichkeit, nachhaltiger zu leben und gleichzeitig Geld zu sparen. Kinderkleidung wird oft nur kurz getragen und ist daher häufig in gutem Zustand.

Ein minimalistischer Ansatz bei der Kinderkleidung bedeutet auch, dass Sie weniger Zeit mit dem Waschen und Pflegen der Kleidung verbringen müssen. Weniger Kleidungsstücke bedeuten weniger Wäsche und weniger Aufwand. Achten Sie darauf, dass die Kleidung pflegeleicht ist und leicht gewaschen und getrocknet werden kann. Dies erleichtert den Alltag und trägt zu einem stressfreien Umgang mit der Kinderkleidung bei.

Bücher und Lernmaterialien: Eine gezielte Auswahl

Bücher und Lernmaterialien sind wesentliche Bestandteile eines Kinderzimmers, die sowohl die intellektuelle Entwicklung als auch die Kreativität der Kinder fördern. Ein minimalistischer Ansatz hilft dabei, eine sorgfältige und bewusste Auswahl zu treffen, die den Kindern zugutekommt, ohne das Zimmer zu überladen.

Wie geht's also los? Gehen Sie gemeinsam mit den Kindern die Bücherregale und Aufbewahrungsboxen durch und sortieren Sie aus, was nicht mehr relevant ist. Bücher, die nicht mehr dem aktuellen Lesealter entsprechen oder das Interesse der Kinder nicht mehr wecken, können gespendet oder weitergegeben werden. Dies schafft Platz und stellt sicher, dass nur die wertvollsten und nützlichsten Materialien im Kinderzimmer bleiben.

Bei der Auswahl der Bücher sollten Sie auf Vielfalt und Qualität achten. Eine gute Mischung aus Bilderbüchern, Märchen, Sachbüchern und Geschichten, die die Fantasie anregen, ist ideal. Bücher, die verschiedene Themen und Kulturen behandeln, fördern das Verständnis und die Neugierde der Kinder. Achten Sie darauf, dass die Bücher altersgerecht und ansprechend gestaltet sind, um das Interesse der Kinder zu wecken und zu erhalten.

Das Bücherregal sollte gut organisiert und leicht zugänglich sein. Nutzen Sie Regale, die in der Höhe der Kinder angebracht sind, sodass sie ihre Lieblingsbücher selbstständig auswählen und zurückstellen können. Ein rotierendes System, bei dem einige Bücher regelmäßig ausgetauscht werden, hält das Interesse der Kinder aufrecht und sorgt dafür, dass immer wieder neue Geschichten entdeckt werden können.

Lernmaterialien sollten ebenfalls sorgfältig ausgewählt und organisiert werden. Wählen Sie Materialien, die die aktuellen Interessen und Bildungsbedürfnisse der

Kinder unterstützen. Arbeitsblätter, Lernspiele, Bastelmaterialien und experimentelle Kits können eine wertvolle Ergänzung zum klassischen Unterricht sein. Achten Sie darauf, dass die Materialien übersichtlich und leicht zugänglich aufbewahrt werden, um den Kindern eine selbstständige Nutzung zu ermöglichen.

Ein spezieller Lernbereich im Kinderzimmer kann dabei helfen, eine strukturierte und förderliche Umgebung zu schaffen. Ein kleiner Schreibtisch mit ausreichend Stauraum für Schreibutensilien und Lernmaterialien ist ideal. Stellen Sie sicher, dass der Lernbereich gut beleuchtet ist und eine angenehme Arbeitsatmosphäre bietet. Ein ergonomischer Stuhl und eine aufgeräumte Arbeitsfläche fördern die Konzentration und den Lernspaß.

Sie sollten Bücher und Lernmaterialien regelmäßig durchsehen und aussortieren. Kinder entwickeln sich schnell und ihre Interessen und Bildungsbedürfnisse ändern sich ständig. Ein halbjährlicher oder jährlicher Check hilft dabei, das Kinderzimmer stets auf dem neuesten Stand zu halten und sicherzustellen, dass nur die relevantesten und wertvollsten Materialien verfügbar sind.

Auch digitale Medien können in einem minimalistischen Kinderzimmer eine sinnvolle Ergänzung sein, wenn sie bewusst und maßvoll eingesetzt werden. Lern-Apps, E-Books und interaktive

Lernspiele bieten eine Vielzahl von Möglichkeiten, das Lernen zu unterstützen und zu bereichern. Achten Sie darauf, dass die digitalen Inhalte altersgerecht und pädagogisch wertvoll sind und setzen Sie klare Regeln und Zeitlimits für die Nutzung digitaler Medien.

Ein minimalistischer Ansatz bei Büchern und Lernmaterialien bedeutet nicht, dass die Auswahl eingeschränkt wird, sondern dass sie bewusster und gezielter erfolgt. Weniger, aber dafür hochwertige und vielseitige Materialien fördern die Lernfreude und die intellektuelle Entwicklung der Kinder.

Digitale Balance: Bildschirmzeit minimieren

Elektronische Geräte wie Tablets, Smartphones und Fernseher sind allgegenwärtig und bieten viele Vorteile, können aber auch zu einer übermäßigen Nutzung und Abhängigkeit führen. Ein minimalistischer Ansatz hilft dabei, eine gesunde Balance zu finden und die Bildschirmzeit auf ein sinnvolles Maß zu reduzieren.

Der erste Schritt zur Reduzierung der Bildschirmzeit ist wie immer das Bewusstsein und die Reflexion über den aktuellen Medienkonsum. Eltern sollten sich die Zeit nehmen, den täglichen oder wöchentlichen Gebrauch von digitalen Geräten zu beobachten und zu analysieren. Welche Geräte werden genutzt? Wie viel Zeit verbringen die Kinder vor dem Bildschirm? Welche Inhalte konsumieren sie? Diese Bestandsaufnahme gibt einen ersten Überblick und bildet die Grundlage für Veränderungen.

Tipp:

Viele Smartphones haben bereits integrierte Features, mit denen Sie Ihre Handynutzung und Bildschirmzeit anzeigen und ggf. reglementieren können. Bei Android Betriebssystemen nennt es sich bspw. „Digitales Wohlbefinden"; bei IOS „Bildschirmzeit".

Ein klarer und strukturierter Mediennutzungsplan kann helfen, die Bildschirmzeit zu regulieren. Legen Sie feste Zeiten fest, zu denen digitale Geräte genutzt werden dürfen, und definieren Sie klare Regeln. Beispielsweise können bestimmte Zeiten am Tag oder Wochentage für bildschirmfreie Aktivitäten reserviert werden. Es ist wichtig, dass diese Regeln konsequent und einheitlich eingehalten werden, um eine gesunde Gewohnheit zu etablieren.

Die Einführung bildschirmfreier Zonen im Zuhause, insbesondere im Kinderzimmer, kann ebenfalls dazu beitragen, die Nutzung digitaler Geräte zu minimieren. Das Schlafzimmer sollte ein Ort der Ruhe und Entspannung sein, frei von elektronischen Ablenkungen. Entfernen Sie Fernseher, Tablets und Smartphones aus dem Kinderzimmer und schaffen Sie stattdessen eine einladende Atmosphäre für Aktivitäten wie Lesen, Basteln und kreatives Spielen.

Die Auswahl und Qualität der konsumierten Inhalte sind ebenso wichtig wie die Dauer der Nutzung. Achten Sie darauf, dass die Kinder Zugang zu altersgerechten, pädagogisch wertvollen und interessanten Inhalten haben. Es gibt viele Apps, Programme und Websites, die speziell für Kinder entwickelt wurden und sowohl unterhaltsam als auch lehrreich sind. Überwachen Sie regelmäßig die Nutzung und Inhalte, um sicherzustellen, dass sie den entwicklungsfördernden und erzieherischen Zielen entsprechen.

Eine wichtige Alternative zur Bildschirmzeit sind aktive und kreative Aktivitäten, die die Kinder beschäftigen und fördern. Bieten Sie ihnen eine Vielzahl von Alternativen wie Bücher, Bastelmaterialien, Brettspiele und Outdoor-Aktivitäten an. Diese Aktivitäten unterstützen die körperliche und geistige Entwicklung der Kinder und bieten eine wertvolle Abwechslung zur passiven Mediennutzung.

Kinder lernen durch Beobachtung, und wenn sie sehen, dass ihre Eltern einen bewussten und ausgeglichenen Umgang mit digitalen Medien pflegen, werden sie dieses Verhalten eher nachahmen. Eltern sollten daher ihre eigene Bildschirmzeit reflektieren und gegebenenfalls reduzieren, um eine positive Vorbildfunktion zu übernehmen.

Gemeinsame Aktivitäten ohne Bildschirme stärken des Weiteren die Familienbindung und schaffen wertvolle Erinnerungen. Planen Sie regelmäßig bildschirmfreie Familienzeiten ein, in denen Sie gemeinsam spielen, kochen, lesen oder Ausflüge machen. Diese gemeinsamen Erlebnisse sind nicht nur unterhaltsam, sondern fördern auch die Kommunikation und das Zusammengehörigkeitsgefühl innerhalb der Familie.

Es ist auch wichtig, den Kindern die Fähigkeit zu vermitteln, selbstständig mit digitalen Medien umzugehen und eine gesunde Medienkompetenz zu entwickeln. Erklären Sie ihnen die Gründe für die Begrenzung der Bildschirmzeit und die Vorteile eines ausgewogenen Medienkonsums. Zeigen Sie ihnen, wie sie selbstständig Entscheidungen treffen und Prioritäten setzen können, um eine gesunde Balance zu finden.

Die Schaffung einer digitalen Balance im Kinderzimmer ist ein fortlaufender Prozess, der ständige Anpassung und Überwachung erfordert. Regelmäßige Gespräche mit den Kindern über ihre Mediennutzung und ihre Erfahrungen helfen dabei, Probleme frühzeitig zu erkennen und Anpassungen vorzunehmen. Bleiben Sie flexibel und offen für Veränderungen, um den individuellen Bedürfnissen und Entwicklungen der Kinder gerecht zu werden.

Die Rolle der Eltern: Vorbild und Begleiter

Die Umstellung auf ein minimalistisches Kinderzimmer und die Einhaltung dieser Prinzipien im Alltag erfordert die aktive Rolle der Eltern. Eltern sind nicht nur Vorbilder, sondern auch Begleiter ihrer Kinder auf dem Weg zu einem bewussteren und nachhaltigeren Lebensstil. Ihre Haltung und ihr Verhalten beeinflussen maßgeblich, wie die Kinder Minimalismus und Nachhaltigkeit in ihr eigenes Leben integrieren.

Wenn Eltern selbst einen minimalistischen und nachhaltigen Lebensstil pflegen, wird dies von den Kindern als normal und erstrebenswert wahrgenommen. Dies bedeutet, dass auch die Eltern ihren Besitz regelmäßig durchsehen, Unnötiges aussortieren und bewusst Entscheidungen über neue Anschaffungen treffen sollten.

Erklären Sie Ihren Kindern, warum Sie sich für einen minimalistischen Lebensstil entschieden haben und welche Vorteile dies mit sich bringt. Kinder verstehen mehr, als man oft annimmt, und können durch einfache, klare Erklärungen die Hintergründe und Vorteile von Minimalismus und Nachhaltigkeit erfassen. Gespräche über den bewussten Umgang mit Ressourcen, die Bedeutung von Qualität über Quantität und die Auswirkungen von Überkonsum auf die Umwelt sind wichtige Bildungsmaßnahmen.

Regelmäßige Aufräum- und Ausmistzeiten, gemeinsame Aktivitäten zur Pflege von Pflanzen oder das Einhalten bildschirmfreier Zeiten sind Beispiele für

Routinen, die den minimalistischen Lebensstil unterstützen. Diese Routinen geben den Kindern Sicherheit und Struktur und helfen ihnen, die Prinzipien des Minimalismus im Alltag zu verankern.

Eltern sollten auch darauf achten, positive Verstärkung und Lob zu geben, wenn die Kinder sich an die minimalistischen Prinzipien halten oder sich aktiv an nachhaltigen Aktivitäten beteiligen. Anerkennung und Wertschätzung motivieren die Kinder und zeigen ihnen, dass ihre Bemühungen gesehen und geschätzt werden. Dies stärkt ihr Selbstbewusstsein und fördert eine positive Einstellung zum minimalistischen Lebensstil.

Herausforderungen und Lösungen

Die Umstellung auf ein minimalistisches Kinderzimmer und die Beibehaltung eines minimalistischen Lebensstils können einige Herausforderungen mit sich bringen. Diese Herausforderungen sind normal und können mit den richtigen Strategien und einer positiven

Einstellung gemeistert werden. Im Folgenden werden einige der häufigsten Probleme und praktische Lösungen beschrieben, um den Übergang zum Minimalismus erfolgreich zu gestalten.

Eine der größten Herausforderungen beim Übergang zu einem minimalistischen Kinderzimmer ist der Widerstand der Kinder. Kinder können an ihren Spielsachen und Gegenständen hängen und Schwierigkeiten haben, sich von ihnen zu trennen. Dies ist verständlich und erfordert Geduld und Einfühlungsvermögen. Eine Lösung besteht darin, den Kindern den Prozess zu erklären und ihnen die Vorteile des Minimalismus auf eine für sie verständliche Weise zu vermitteln. Lassen Sie die Kinder aktiv am Aussortieren teilnehmen und geben Sie ihnen das Gefühl, dass ihre Meinung wichtig ist. Dies fördert ihr Verantwortungsbewusstsein und macht den Prozess weniger belastend.

Ein weiterer häufiger Widerstandspunkt sind Geschenke von Familie und Freunden. Viele Menschen drücken ihre Zuneigung durch Geschenke aus, was zu einer Ansammlung von Spielzeug und anderen Gegenständen führen kann. Eine Möglichkeit, dieses Problem zu lösen, besteht darin, offen über Ihre minimalistischen Ziele zu kommunizieren und alternative Geschenkideen vorzuschlagen. Erlebnisse, Bücher oder praktische Gegenstände können eine wertvolle Alternative zu traditionellem Spielzeug darstellen. Es kann auch hilfreich sein, eine Wunschliste zu erstellen, die den Bedürfnissen und Interessen der Kinder entspricht und gleichzeitig den minimalistischen Prinzipien folgt.

Auch der eigene innere Widerstand kann eine Herausforderung darstellen. Es kann schwer sein, sich von Dingen zu trennen, die sentimentalen Wert haben oder die man aus Gewohnheit behalten hat. Eine Lösung besteht darin, sich bewusst zu machen, dass der Minimalismus nicht bedeutet, alles wegzuwerfen, sondern bewusst und gezielt auszuwählen, was wirklich wichtig ist. Erinnerungsstücke können in einem speziellen Erinnerungsalbum oder einer Box aufbewahrt werden, um ihren emotionalen Wert zu bewahren, ohne den physischen Raum zu überladen.

Zeitmangel ist ein weiteres häufiges Problem. Der Prozess des Aussortierens und Organisierens kann zeitaufwendig sein, besonders wenn man einen vollen Terminkalender hat. Eine Lösung besteht darin, den Prozess in kleine, überschaubare Schritte zu unterteilen und regelmäßig Zeit dafür einzuplanen. Ein wöchentlicher oder monatlicher Termin für das Ausmisten kann helfen, den Prozess kontinuierlich voranzutreiben, ohne überwältigend zu wirken.

Ein minimalistisches Kinderzimmer erfordert auch eine kontinuierliche Anpassung und Pflege. Kinder wachsen schnell und ihre Bedürfnisse und Interessen ändern sich ständig. Es ist wichtig, regelmäßig zu überprüfen, ob die aktuelle Einrichtung und die vorhandenen Gegenstände noch den Bedürfnissen der Kinder entsprechen. Dies kann durch regelmäßige Gespräche und gemeinsame Überprüfungen erfolgen.

Der Druck der Gesellschaft kann ebenfalls eine Herausforderung darstellen. In einer Kultur, die oft Konsum und Überfluss fördert, kann es schwer sein, sich gegen den Strom zu stellen. Sie könnten sich mit Gleichgesinnten vernetzen und sich gegenseitig unterstützen. Online-Communities, Minimalismus-Gruppen und Freunde, die ähnliche Werte teilen, können eine wertvolle Quelle der Inspiration und Ermutigung sein.

Eine weitere Herausforderung kann das Gefühl des Verlustes sein. Das Loslassen von Gegenständen kann ein Gefühl des Verlustes hervorrufen, besonders wenn man an diese Dinge lange Zeit gewöhnt ist. Versuchen Sie, sich auf die positiven Aspekte des Minimalismus zu konzentrieren – den gewonnenen Raum, die Klarheit und die Freiheit, die er bietet. Erinnern Sie sich daran, dass Minimalismus nicht bedeutet, weniger zu haben, sondern mehr Platz für die wirklich wichtigen Dinge im Leben zu schaffen.

Schließlich ist es wichtig, sich selbst und den Kindern gegenüber geduldig und nachsichtig zu sein. Der Übergang zum Minimalismus ist ein Prozess, der Zeit braucht. Es ist normal, Rückschläge zu erleben und sich manchmal überwältigt zu fühlen. Feiern Sie kleine Erfolge und Fortschritte und bleiben Sie motiviert, indem Sie sich an die langfristigen Vorteile des minimalistischen Lebensstils erinnern.

Langfristige Gewohnheiten entwickeln

Die Schaffung eines minimalistischen Kinderzimmers ist nur der erste Schritt auf dem Weg zu einem bewussteren und einfacheren Leben. Um die Vorteile des Minimalismus langfristig zu genießen, ist es wichtig, nachhaltige Gewohnheiten zu entwickeln, die diese Prinzipien im Alltag verankern. Langfristige Gewohnheiten helfen nicht nur, die Ordnung und Klarheit im Kinderzimmer zu bewahren, sondern fördern auch ein ganzheitliches Wohlbefinden und eine ausgeglichene Lebensweise.

Ein wesentlicher Bestandteil der Entwicklung langfristiger Gewohnheiten ist die Etablierung von Routinen. Routinen bieten Struktur und Vorhersehbarkeit, was besonders für Kinder wichtig ist. Regelmäßige Aufräumzeiten, zum Beispiel jeden Abend vor dem Zubettgehen oder einmal wöchentlich, helfen dabei, das Kinderzimmer dauerhaft ordentlich zu halten. Durch diese Routinen lernen Kinder, dass Aufräumen und Ordnung halten ein natürlicher Teil des Alltags sind und nicht als lästige Pflicht empfunden werden müssen.

Auch die Einhaltung eines minimalistischen Konsumverhaltens ist entscheidend für den langfristigen Erfolg. Dies bedeutet, bewusste Kaufentscheidungen zu treffen und nur Dinge zu erwerben, die wirklich notwendig und wertvoll sind. Eine Möglichkeit, dies zu fördern, ist die Regel „Eins rein, eins raus“: Für jeden neuen Gegenstand, der ins

Kinderzimmer kommt, sollte ein alter aussortiert werden. Dies verhindert, dass sich im Laufe der Zeit wieder unnötige Gegenstände ansammeln.

Ein weiterer wichtiger Aspekt ist die regelmäßige Überprüfung und Anpassung des Inventars. Kinder wachsen und ihre Bedürfnisse und Interessen ändern sich ständig. Ein halbjährlicher oder jährlicher Check kann helfen, das Kinderzimmer stets auf dem neuesten Stand zu halten und sicherzustellen, dass nur die relevantesten und wertvollsten Gegenstände vorhanden sind. Dabei sollten die Kinder aktiv einbezogen werden, um ihre Selbstständigkeit und ihr Verantwortungsbewusstsein zu fördern.

Auch die Förderung von Selbstständigkeit und Verantwortung ist ein zentraler Punkt. Kinder sollten lernen, ihre Sachen selbstständig zu verwalten und Verantwortung für ihren Raum zu übernehmen. Dies kann durch einfache Aufgaben wie das Aufräumen ihres Zimmers, das Pflegen ihrer Spielzeuge oder das Planen und Organisieren ihres Lernbereichs geschehen. Eltern können diese Fähigkeiten unterstützen, indem sie klare Anweisungen geben, Lob und Anerkennung aussprechen und den Kindern die notwendigen Werkzeuge und Strukturen zur Verfügung stellen.

Ein minimalistischer Lebensstil sollte auch über das Kinderzimmer hinaus in den Alltag integriert werden. Dies bedeutet, bewusste Entscheidungen in verschiedenen Lebensbereichen zu treffen, sei es in der Ernährung, der Freizeitgestaltung oder der digitalen Nutzung. Eine einfache, gesunde und ausgewogene Ernährung, regelmäßige körperliche Aktivität und bewusste, bildschirmfreie Zeiten fördern das Wohlbefinden und die Gesundheit der ganzen Familie. Durch gemeinsame Aktivitäten und Rituale, die den minimalistischen Prinzipien entsprechen, können diese Werte im Familienleben verankert werden.

Die Pflege von Beziehungen und sozialen Kontakten ist sollten Sie ebenfalls in Betracht ziehen. Investieren Sie Zeit und Energie in die Beziehungen, die Ihnen wichtig sind, und pflegen Sie diese bewusst. Qualität statt

Quantität gilt auch hier: Es ist wichtiger, tiefe und bedeutungsvolle Beziehungen zu haben, als viele oberflächliche Kontakte. Gemeinsame Aktivitäten, offene Kommunikation und gegenseitige Unterstützung stärken die familiären und freundschaftlichen Bindungen und tragen zu einem erfüllten und harmonischen Leben bei.

Ebenso sollte nachhaltiges Verhalten im Alltag verankert werden. Dies kann durch bewussten Umgang mit Ressourcen, Mülltrennung, Energiesparen und den Kauf umweltfreundlicher Produkte geschehen. Kinder lernen durch Vorbilder und praktisches Tun, daher ist es wichtig, ihnen durch das eigene Verhalten die Prinzipien der Nachhaltigkeit vorzuleben.

Ein minimalistischer Lebensstil erfordert auch die Fähigkeit zur Reflexion und Anpassung. Regelmäßige Reflexion hilft dabei, die eigenen Gewohnheiten zu überprüfen und gegebenenfalls anzupassen. Nehmen Sie sich Zeit, um über Ihre Ziele und Werte nachzudenken und wie Sie diese im Alltag umsetzen können. Diese Reflexion kann durch Gespräche mit der Familie, das Führen eines Tagebuchs oder das Setzen neuer Ziele erfolgen.

Die Entwicklung langfristiger Gewohnheiten ist ein fortlaufender Prozess, der Zeit und Geduld erfordert. Es ist normal, Rückschläge zu erleben und sich manchmal überwältigt zu fühlen. Wichtig ist, nicht aufzugeben und sich immer wieder an die langfristigen Vorteile des minimalistischen Lebensstils zu erinnern. Jeder kleine Schritt in Richtung Minimalismus trägt dazu bei, das Leben bewusster und erfüllter zu gestalten.

Zusammengefasst bieten langfristige Gewohnheiten die Grundlage für ein nachhaltiges und bewusstes Leben. Sie helfen, die Ordnung und Klarheit im Kinderzimmer zu bewahren und fördern das Wohlbefinden und die Gesundheit der ganzen Familie. Durch bewusste Entscheidungen, regelmäßige Reflexion und die Einhaltung minimalistischer Prinzipien können Sie ein harmonisches und erfülltes Familienleben führen.

Indem Sie die Prinzipien des Minimalismus im Alltag anwenden und langfristige Gewohnheiten entwickeln, schaffen Sie ein Umfeld, das die Entwicklung und das Wohlbefinden der Kinder unterstützt.

Psychologische Vorteile des Minimalismus

Die psychologischen Vorteile eines minimalistischen Lebensstils, besonders im Kinderzimmer, sind vielfältig und tiefgreifend. Minimalismus fördert nicht nur eine bessere Organisation und ein angenehmes Umfeld, sondern hat auch weitreichende positive Auswirkungen auf die geistige und emotionale Gesundheit der Kinder. In diesem Kapitel werden die wichtigsten psychologischen Vorteile des Minimalismus im Detail betrachtet.

Reduzierung von Stress und Überforderung

Ein aufgeräumtes und geordnetes Kinderzimmer kann erheblich zur Reduzierung von Stress und Überforderung beitragen. Kinder, die in einer überfüllten und chaotischen Umgebung leben, fühlen sich oft überwältigt und unruhig. Ein minimalistisches Zimmer schafft eine beruhigende Atmosphäre, die den Kindern hilft, sich zu entspannen und besser zu konzentrieren. Weniger Unordnung bedeutet weniger visuelle Reize, die das Gehirn verarbeiten muss, was zu einem ruhigeren und entspannteren Zustand führt.

Förderung der Konzentration und Aufmerksamkeit

Minimalismus unterstützt die Fähigkeit der Kinder, sich zu konzentrieren und aufmerksam zu sein. In einer überladenen Umgebung fällt es schwerer, sich auf eine Aufgabe zu konzentrieren, da ständig Ablenkungen vorhanden sind. Ein minimalistisches Kinderzimmer, das nur die notwendigsten und wertvollsten Gegenstände enthält, bietet eine klarere und fokussiertere Umgebung. Dies fördert die Fähigkeit der Kinder, sich auf ihre Aufgaben zu konzentrieren und ihre Aufmerksamkeit über längere Zeiträume aufrechtzuerhalten.

Steigerung der Kreativität

Weniger Spielzeug und weniger Ablenkung können die Kreativität der Kinder erheblich steigern. Wenn Kinder weniger vorgefertigte Spielsachen haben, sind sie gezwungen, ihre Fantasie zu nutzen und kreative Lösungen zu finden. Einfache und vielseitige Spielzeuge wie Bauklötze oder Bastelmaterialien bieten unendliche Möglichkeiten für kreatives Spiel. Diese Art des Spielens fördert nicht nur die Kreativität, sondern auch die Problemlösungsfähigkeiten und die Fähigkeit, innovative Ideen zu entwickeln.

Förderung der emotionalen Entwicklung

Ein minimalistisches Kinderzimmer kann auch die emotionale Entwicklung der Kinder positiv beeinflussen. Ein geordneter und übersichtlicher Raum schafft ein Gefühl von Sicherheit und Geborgenheit. Kinder fühlen sich in einer solchen Umgebung wohler und können sich besser auf ihre emotionalen Bedürfnisse konzentrieren. Ein minimalistischer Lebensstil fördert auch das Verständnis und die Wertschätzung für immaterielle Werte wie Zeit, Aufmerksamkeit und Beziehungen, was zu einer tieferen emotionalen Reife beiträgt.

Entwicklung von Selbstdisziplin und Verantwortungsbewusstsein

Die Prinzipien des Minimalismus fördern die Entwicklung von Selbstdisziplin und Verantwortungsbewusstsein. Kinder, die lernen, ihre Sachen zu organisieren und aufzuräumen, entwickeln eine stärkere Selbstdisziplin. Sie lernen, dass jeder Gegenstand einen festen Platz hat und dass Ordnung wichtig ist, um ein angenehmes Lebensumfeld zu schaffen. Diese Fähigkeiten sind nicht nur im Kinderzimmer nützlich, sondern begleiten die Kinder auch in ihrem weiteren Leben und unterstützen ihre Fähigkeit, Verantwortung für sich selbst und ihre Umgebung zu übernehmen.

Verbesserung der Schlafqualität

Ein aufgeräumtes und minimalistisches Schlafzimmer kann auch die Schlafqualität der Kinder verbessern. Eine ruhige und geordnete Umgebung fördert einen besseren und tieferen Schlaf. Kinder, die in einem überladenen und chaotischen Zimmer schlafen, haben oft Schwierigkeiten, zur Ruhe zu kommen und sich zu entspannen. Ein minimalistisches Schlafzimmer, das frei von unnötigen Gegenständen ist, schafft eine beruhigende Atmosphäre, die das Einschlafen erleichtert und die Schlafqualität verbessert.

Förderung eines bewussteren Konsumverhaltens

Minimalismus hilft Kindern, ein bewussteres und verantwortungsbewussteres Konsumverhalten zu entwickeln. Sie lernen früh, dass nicht die Menge der Besitztümer, sondern die Qualität und der bewusste Umgang mit Dingen wichtig sind. Dies fördert eine nachhaltige und umweltbewusste Lebensweise, die sie auch in ihrer Zukunft begleiten wird. Kinder, die in einem minimalistischen Umfeld aufwachsen, entwickeln oft eine tiefere Wertschätzung für einfache, aber bedeutungsvolle Dinge und lernen, bewusste Entscheidungen zu treffen.

Stärkung der familiären Bindungen

Ein minimalistischer Lebensstil kann auch die familiären Bindungen stärken. Weniger Besitz bedeutet weniger Zeit, die für Aufräumen und Organisieren aufgewendet werden muss, und mehr Zeit für gemeinsame Aktivitäten und Erlebnisse. Familien, die einen minimalistischen Lebensstil pflegen, haben oft mehr Zeit und Energie für gemeinsame Unternehmungen und Gespräche. Dies fördert die Kommunikation und das Zusammengehörigkeitsgefühl innerhalb der Familie und trägt zu einem harmonischen und erfüllten Familienleben bei.

Förderung der sozialen Fähigkeiten

Weniger Spielzeug bedeutet oft, dass Kinder eher bereit sind, gemeinsam zu spielen und ihre Spielsachen zu teilen. Dies fördert das soziale Miteinander und die Fähigkeit zur Kooperation. Kinder lernen, Kompromisse zu schließen, Konflikte zu lösen und auf die Bedürfnisse anderer einzugehen – wichtige Fähigkeiten, die sie ein Leben lang begleiten werden. Ein minimalistisches Umfeld unterstützt die Entwicklung dieser sozialen Fähigkeiten und hilft den Kindern, gesunde und positive Beziehungen zu anderen aufzubauen.

Erleichterung des Übergangs zu neuen Entwicklungsphasen

Ein minimalistisches Kinderzimmer erleichtert auch den Übergang zu neuen Entwicklungsphasen. Da weniger Gegenstände vorhanden sind, fällt es leichter, das Zimmer an die sich ändernden Bedürfnisse und Interessen der Kinder anzupassen. Dies verbessert die Flexibilität und Anpassungsfähigkeit der Kinder und unterstützt sie dabei, sich in neuen Situationen zurechtzufinden und sich weiterzuentwickeln.

Zusammengefasst bieten die psychologischen Vorteile des Minimalismus im Kinderzimmer eine solide Grundlage für das Wohlbefinden und die gesunde Entwicklung der Kinder. Ein aufgeräumtes, geordnetes und bewusst gestaltetes Umfeld fördert die Konzentration, Kreativität, emotionale Reife und soziale Fähigkeiten der Kinder. Durch die Anwendung der Prinzipien des Minimalismus können Eltern ein Umfeld schaffen, das die psychologische Gesundheit ihrer Kinder unterstützt und ihnen hilft, sich zu verantwortungsbewussten und bewussten Erwachsenen zu entwickeln.

Indem Sie die psychologischen Vorteile des Minimalismus im Kinderzimmer nutzen, tragen Sie zu einem harmonischen und erfüllten Familienleben bei. Ein minimalistischer Lebensstil zeigt den Kindern, dass weniger oft mehr ist und dass die besten Erlebnisse und Lernerfahrungen oft aus einfachen, bewussten Entscheidungen entstehen.

Minimalismus in verschiedenen Altersstufen

Minimalismus kann in jeder Lebensphase von Vorteil sein, doch die Umsetzung variiert je nach Altersstufe der Kinder. Jede Entwicklungsphase bringt unterschiedliche Bedürfnisse und Herausforderungen mit sich, die bei der Anwendung minimalistischer Prinzipien berücksichtigt werden sollten. Lesen Sie, wie Minimalismus in verschiedenen Altersstufen erfolgreich umgesetzt werden kann, um die bestmöglichen Vorteile für Ihre Kinder zu erzielen.

Bei Säuglingen und Kleinkindern ist der Bedarf an Spielzeug und Möbeln oft sehr einfach. In dieser Phase sind Eltern oft versucht, viele Spielsachen und Ausrüstungen zu kaufen, die vermeintlich notwendig sind. Ein minimalistischer Ansatz hilft jedoch, sich auf die wirklich wichtigen und nützlichen Dinge zu konzentrieren. Hochwertige, multifunktionale Möbelstücke, wie ein wandelbares Bett, das mit dem Kind mitwächst, sind eine sinnvolle Investition. Bei Spielzeug sollten Eltern auf einfache, sichere und pädagogisch wertvolle Produkte setzen. Stapelspielzeuge, Greiflinge und einfache Bauklötze fördern die motorische und kognitive Entwicklung und benötigen wenig Platz.

Im Vorschulalter beginnen Kinder, ihre Umgebung intensiver zu erkunden und entwickeln spezifische Interessen. Hier ist es wichtig, Spielzeug und Materialien anzubieten, die diese Interessen unterstützen, ohne das Kinderzimmer zu überladen. Kinder in diesem Alter profitieren von Spielzeug, das ihre Kreativität und Fantasie anregt. Bauklötze, Mal- und Bastelmaterialien sowie einfache Musikinstrumente sind ideal. Ein minimalistisches Kinderzimmer bietet genügend Freiraum zum Spielen und Experimentieren, ohne dass die Kinder von zu vielen Reizen abgelenkt werden.

Im Grundschulalter erweitern sich die Bedürfnisse der Kinder. Schulmaterialien und Lernhilfen werden zunehmend wichtig. Ein aufgeräumter und gut organisierter Lernbereich ist entscheidend, um die Konzentration und den Lernerfolg zu fördern. Multifunktionale Möbel, wie ein Schreibtisch mit integriertem Stauraum, helfen, Ordnung zu halten. Die Auswahl an Spielzeug kann weiter reduziert werden, indem nur die Lieblingsspielzeuge und solche, die wirklich genutzt werden, behalten werden. Regelmäßiges Ausmisten und das Einbeziehen der Kinder in den Entscheidungsprozess fördern ihre Selbstständigkeit und ihr Verantwortungsbewusstsein.

Bei älteren Kindern und Teenagern verändern sich die Interessen und Bedürfnisse weiter. In dieser Phase ist es wichtig, den Kindern mehr Verantwortung für ihren Raum und ihre Besitztümer zu übergeben. Jugendliche entwickeln oft eigene Vorstellungen von Ordnung und Einrichtung, die respektiert und unterstützt werden sollten. Minimalismus kann ihnen helfen, sich auf das Wesentliche zu konzentrieren und sich nicht in unnötigem Besitz zu verlieren. Ein einfaches, aber funktionales Zimmer, das Raum für schulische und persönliche Aktivitäten bietet, ist ideal. Digitale Geräte und Medien sollten bewusst und maßvoll genutzt werden, um eine gesunde Balance zu wahren.

Indem Eltern die Prinzipien des Minimalismus auf die unterschiedlichen Entwicklungsphasen ihrer Kinder anwenden, schaffen sie ein Umfeld, das das Wohlbefinden und die gesunde Entwicklung unterstützt.

Einfluss des minimalistischen Lebensstils auf die Entwicklung

Ein minimalistischer Lebensstil kann die Entwicklung von Kindern in vielerlei Hinsicht positiv beeinflussen. Diese Einflüsse erstrecken sich auf die kognitive, emotionale und soziale Entwicklung und tragen zu einem ganzheitlichen Wohlbefinden bei. In diesem Kapitel betrachten wir, wie Minimalismus die verschiedenen Entwicklungsbereiche von Kindern unterstützt und fördert.

Die kognitive Entwicklung wird durch ein aufgeräumtes und strukturiertes Umfeld gefördert. Kinder, die in einer klaren und geordneten Umgebung aufwachsen, können sich besser konzentrieren und lernen effektiver. Weniger Unordnung und Ablenkung ermöglichen es den Kindern, sich auf ihre Aufgaben zu fokussieren und ihre kognitiven Fähigkeiten weiterzuentwickeln. Ein minimalistisches Kinderzimmer bietet Raum für kreatives und freies Spiel, das die

Problemlösungsfähigkeiten und das kritische Denken fördert.

Die emotionale Entwicklung wird durch die beruhigende und entspannende Atmosphäre eines minimalistischen Raums unterstützt. Kinder fühlen sich in einem aufgeräumten und übersichtlichen Raum sicher und geborgen. Diese Sicherheit fördert das emotionale Wohlbefinden und hilft den Kindern, ihre Gefühle besser zu verstehen und zu regulieren. Ein minimalistischer Lebensstil lehrt die Kinder auch, den Wert immaterieller Dinge wie Zeit, Aufmerksamkeit und Beziehungen zu schätzen, was zu einer tieferen emotionalen Reife beiträgt.

Die soziale Entwicklung wird durch die Prinzipien des Teilens und der Kooperation gefördert. Ein minimalistisches Kinderzimmer, das weniger Spielzeug enthält, ermutigt die Kinder, gemeinsam zu spielen und ihre Spielsachen zu teilen. Dies fördert soziale Fähigkeiten wie Empathie, Kommunikation und Teamarbeit. Kinder lernen, auf die Bedürfnisse anderer einzugehen und Konflikte auf eine konstruktive Weise zu lösen. Diese Fähigkeiten sind essentiell für das soziale Miteinander und begleiten die Kinder ein Leben lang.

Ein minimalistischer Lebensstil kann auch die körperliche Gesundheit der Kinder positiv beeinflussen. Weniger Unordnung bedeutet weniger Staub und Schmutz, was besonders für Kinder mit Allergien oder Asthma von Vorteil ist. Ein aufgeräumtes Zimmer bietet mehr Platz für Bewegung und fördert körperliche Aktivitäten, die wichtig für die motorische Entwicklung und das allgemeine Wohlbefinden sind.

Zusammenfassung der Vorteile des minimalistischen Kinderzimmers

- **Verbesserte physische Gesundheit:** Weniger Spielzeug und Möbel reduzieren Staub und Schmutz, was besonders für Kinder mit Allergien oder Asthma vorteilhaft ist. Es verringert auch die Verletzungsgefahr und erleichtert die Reinigung des Zimmers.

- **Förderung der psychischen Gesundheit:** Ein aufgeräumtes und geordnetes Zimmer schafft eine ruhige Atmosphäre, die Stress reduziert, die Konzentration fördert und zur Entspannung beiträgt.

- **Erhöhte Kreativität:** Weniger Spielzeug regt die Fantasie der Kinder an und fördert kreatives Spielen und Problemlösungsfähigkeiten.

- **Stärkung der Selbstständigkeit und des Verantwortungsbewusstseins:** Ein minimalistisches Kinderzimmer erleichtert es den Kindern, Ordnung zu halten und ihre Sachen selbstständig zu verwalten.

- **Verbesserung der Eltern-Kind-Beziehung:** Weniger Unordnung bedeutet weniger Zeit für Aufräumen, was zu mehr gemeinsamer Qualitätszeit führt.

- **Positiver Einfluss auf das Konsumverhalten:** Kinder lernen, dass Zufriedenheit nicht von der Menge an Besitztümern abhängt, was eine nachhaltige und umweltbewusste Lebensweise fördert.

- **Bessere Organisation und Struktur:** Weniger Gegenstände erleichtern das Behalten des Überblicks, was zu mehr Effizienz und weniger Stress im Alltag führt.

- **Förderung sozialer Fähigkeiten:** Kinder sind eher geneigt, gemeinsam zu spielen und zu teilen, was ihre sozialen Fähigkeiten wie Kooperation und Konfliktlösung stärkt.

- **Unterstützung der emotionalen Entwicklung:** Ein geordneter Raum vermittelt Sicherheit und Geborgenheit, fördert das Selbstbewusstsein und das Wohlbefinden der Kinder.

Resümee und Ausblick

Der Minimalismus im Kinderzimmer und im Alltag bietet eine Vielzahl von Vorteilen, die weit über die bloße Reduzierung von Besitztümern hinausgehen. Er fördert das Wohlbefinden, die Gesundheit und die Entwicklung der Kinder und schafft ein harmonisches und erfülltes Familienleben.

Ein minimalistisches Kinderzimmer ist mehr als nur ein aufgeräumter Raum. Es ist ein Ort, der die Kreativität,

Konzentration und das Wohlbefinden der Kinder fördert. Durch bewusste Entscheidungen und die Reduktion auf das Wesentliche schaffen Eltern eine Umgebung, die die psychologische und emotionale Gesundheit der Kinder unterstützt. Weniger Spielzeug bedeutet weniger Ablenkung und mehr Raum für kreatives Spiel und individuelle Entfaltung.

Die Prinzipien des Minimalismus lassen sich auch auf andere Bereiche des Lebens anwenden und fördern eine nachhaltige und verantwortungsbewusste Lebensweise. Durch bewussten Konsum und die Pflege von Beziehungen schaffen Familien ein harmonisches und erfülltes Leben. Ein minimalistischer Lebensstil zeigt den Kindern, dass Glück und Zufriedenheit nicht von materiellen Besitztümern abhängen, sondern von den Erfahrungen und Beziehungen, die wir pflegen.

Ein minimalistischer Lebensstil ist auch eine Einladung zur Reflexion und Anpassung. Eltern und Kinder lernen, bewusste Entscheidungen zu treffen und sich auf das Wesentliche zu konzentrieren. Dies fördert nicht nur das individuelle Wohlbefinden, sondern trägt auch zu einer besseren Umweltbilanz bei. Weniger Konsum bedeutet weniger Ressourcenverbrauch und weniger Abfall, was langfristig positive Auswirkungen auf unsere Umwelt hat.

Durch bewusste Entscheidungen, regelmäßige Reflexion und die Anwendung minimalistischer Prinzipien können Familien ein harmonisches und erfülltes Leben führen. Ein minimalistischer Lebensstil zeigt den Kindern, dass weniger oft mehr ist und dass die besten Erlebnisse und Lernerfahrungen oft aus einfachen, bewussten Entscheidungen entstehen. Dies fördert eine nachhaltige und verantwortungsbewusste Lebensweise und hilft den Kindern, sich zu ausgeglichenen und bewussten Erwachsenen zu entwickeln.

Der Ausblick in die Zukunft des minimalistischen Lebensstils zeigt, dass immer mehr Familien die Vorteile dieser Lebensweise erkennen und umsetzen. Der Trend zum Minimalismus wird weiter wachsen, da immer mehr Menschen die Notwendigkeit eines bewussteren und nachhaltigeren Lebensstils erkennen. Durch den Austausch von Erfahrungen und Tipps können Familien voneinander lernen und sich gegenseitig unterstützen, um den minimalistischen Lebensstil erfolgreich zu integrieren.

Wenn wir die Prinzipien des Minimalismus im Kinderzimmer und im Alltag anwenden, schaffen wir ein Umfeld, das die Entwicklung und das Wohlbefinden unserer Kinder unterstützt. Ein minimalistischer Lebensstil ist nicht nur eine temporäre Lösung, sondern ein langfristiger Weg zu einem erfüllten und harmonischen Leben. Er zeigt den Kindern, dass weniger oft mehr ist und dass die besten Erlebnisse und Lernerfahrungen oft aus einfachen, bewussten Entscheidungen entstehen. Dies fördert eine nachhaltige und verantwortungsbewusste Lebensweise und unterstützt die Kinder in ihrer gesamten Entwicklung.

Nützliche Ressourcen und Checklisten

Ein minimalistisches Kinderzimmer und ein minimalistischer Lebensstil erfordern Planung, Organisation und kontinuierliche Anpassung. In diesem Anhang finden Sie nützliche Ressourcen und Checklisten, die Ihnen helfen, den Prozess zu vereinfachen und zu strukturieren. Diese Hilfsmittel bieten praktische Tipps und Anleitungen, um den minimalistischen Lebensstil erfolgreich umzusetzen.

Checkliste zur Verringerung von Spielzeug und Gegenständen

1. Bestandsaufnahme machen: Gehen Sie alle Spielsachen und Gegenstände durch.
2. Kategorien erstellen: Sortieren Sie die Gegenstände nach Typ (z.B. Bauklötze, Puppen, Bücher).
3. Auswahlkriterien festlegen: Wie oft wird der Gegenstand genutzt? Fördert er die Kreativität und das Lernen des Kindes?

4. Behalten, Spenden, Wegwerfen: Entscheiden Sie, welche Gegenstände bleiben, welche gespendet werden können und welche entsorgt werden müssen.
5. Einbeziehung der Kinder: Lassen Sie die Kinder mitentscheiden, welche Gegenstände wichtig sind.

Checkliste zur Organisation und Aufbewahrung

1. Aufbewahrungslösungen auswählen: Regale, Boxen, Körbe, Kleiderstangen.
2. Feste Plätze für Gegenstände festlegen: Jeder Gegenstand sollte einen festen Platz haben.
3. Regelmäßiges Ausmisten einplanen: Halbjährliche oder jährliche Überprüfungen.
4. Transparente oder beschriftete Boxen verwenden: Erleichtert das Finden und Aufräumen.
5. Kinder in den Aufräumprozess einbeziehen: Fördert Selbstständigkeit und Verantwortungsbewusstsein.

Tipps zur nachhaltigen Lebensweise

1. Umweltschonende Materialien verwenden: Holz, Baumwolle, Wolle.
2. Second-Hand-Käufe bevorzugen: Flohmärkte, Online-Plattformen, Second-Hand-Läden.
3. Wiederverwendbare Produkte nutzen: Stoffwindeln, Trinkflaschen, Einkaufstaschen.
4. Mülltrennung und Recycling fördern: Gemeinsame Aktivitäten zur Mülltrennung.
5. Energiesparen: LED-Lampen, bewusster Umgang mit Wasser und Strom.

Leserfragen und Antworten

Diese Fragen spiegeln die häufigsten Herausforderungen wider, denen Familien bei der Umsetzung eines minimalistischen Lebensstils begegnen, und bieten praktische Ratschläge, um diese zu bewältigen.

Frage: Wie kann ich meinen Kindern erklären, warum wir weniger Spielsachen haben sollten?

Antwort: Erklären Sie Ihren Kindern die Vorteile des Minimalismus auf eine für sie verständliche Weise. Betonen Sie, dass weniger Spielsachen mehr Platz zum Spielen und mehr Zeit für gemeinsame Aktivitäten bedeuten. Lassen Sie die Kinder aktiv am Aussortieren teilnehmen und geben Sie ihnen das Gefühl, dass ihre Meinung wichtig ist. Machen Sie den Prozess spielerisch und positiv.

Frage: Wie gehe ich mit Geschenken von Verwandten und Freunden um, die nicht zu unserem minimalistischen Lebensstil passen?

Antwort: Kommunizieren Sie offen über Ihre minimalistischen Ziele und schlagen Sie alternative Geschenkideen vor. Erlebnisse, Bücher oder praktische Gegenstände sind wertvolle Alternativen zu traditionellem Spielzeug. Eine Wunschliste kann ebenfalls helfen, die Bedürfnisse und Interessen Ihrer

Kinder zu berücksichtigen und gleichzeitig den minimalistischen Prinzipien zu folgen.

Frage: Wie kann ich mein Kind dazu motivieren, sein Zimmer aufzuräumen?

Antwort: Schaffen Sie regelmäßige Aufräumroutinen und machen Sie das Aufräumen zu einer positiven Aktivität. Lob und Anerkennung für das Aufräumen motivieren Ihr Kind und zeigen ihm, dass seine Bemühungen gesehen und geschätzt werden. Ein gut organisiertes Aufbewahrungssystem erleichtert das Aufräumen und fördert die Selbstständigkeit.

Frage: Wie kann ich den Übergang zu einem minimalistischen Lebensstil erleichtern?

Antwort: Gehen Sie den Prozess in kleinen Schritten an und setzen Sie sich realistische Ziele. Beginnen Sie mit einem Raum oder einer Kategorie und arbeiten Sie sich langsam vor. Regelmäßige Reflexion und Anpassung helfen, den Prozess kontinuierlich voranzutreiben.

Seien Sie geduldig und feiern Sie kleine Erfolge auf dem Weg.

Schlusswort

Der Weg zum minimalistischen Kinderzimmer, den Sie mit diesem Buch beschritten haben, ist ein bewusster Schritt in Richtung eines ausgeglicheneren und erfüllteren Familienlebens. Sie haben gelernt, wie Sie durch das Reduzieren auf das Wesentliche nicht nur das physische Umfeld Ihrer Kinder, sondern auch ihre geistige und emotionale Entwicklung positiv beeinflussen können. Ein minimalistisches Kinderzimmer schafft Raum für Kreativität, Konzentration und Ruhe – Eigenschaften, die in einer überladenen Welt zunehmend an Bedeutung gewinnen.

Der Prozess der Umstellung mag herausfordernd sein, insbesondere wenn es darum geht, sich von überflüssigen Gegenständen zu trennen oder neue Gewohnheiten zu etablieren. Doch die Belohnung ist ein Zuhause, das Klarheit, Ordnung und Zufriedenheit ausstrahlt. Ein Zuhause, in dem Ihre Kinder lernen,

Verantwortung für ihre Umgebung zu übernehmen und den Wert von Einfachheit und Achtsamkeit zu schätzen.

Minimalismus ist mehr als nur eine Methode zur Reduzierung von Besitztümern – es ist eine Veränderung in der Art und Weise, wie wir unser Leben gestalten. Durch das Schaffen eines übersichtlichen und geordneten Raums im Kinderzimmer tragen Sie dazu bei, dass Ihre Kinder in einer Umgebung aufwachsen, die ihre natürlichen Fähigkeiten fördert und ihnen gleichzeitig die Stabilität und Sicherheit bietet, die sie für ihre Entwicklung benötigen.

Erinnern Sie sich daran, dass der Minimalismus keine starre Regel ist, sondern eine flexible Philosophie, die sich den individuellen Bedürfnissen Ihrer Familie anpasst. Die Prinzipien, die Sie kennengelernt haben, können auch in anderen Bereichen Ihres Lebens angewendet werden, um eine tiefere Zufriedenheit und ein bewussteres Leben zu fördern.

Der Minimalismus im Kinderzimmer ist ein fortlaufender Prozess, der regelmäßige Reflexion und

Anpassung erfordert. Aber die Investition in diesen Lebensstil wird sich langfristig auszahlen, indem sie eine Basis für ein harmonisches, achtsames und nachhaltiges Familienleben schafft.

Letztlich geht es beim Minimalismus nicht nur darum, weniger Dinge zu besitzen, sondern darum, mehr Raum für das zu schaffen, was wirklich zählt – Zeit, Beziehungen und das Erleben der einfachen Freuden des Lebens.

IMPRESSUM
Angaben gemäß § 5 TMG:
Markus Gohlke
c/o IP-Management #16265
Ludwig-Erhard-Str. 18
20459 Hamburg
Kontakt:
E-Mail: elcamondobeach@gmail.com
Telefon: +491751555847
Imprint: Independently published

Printed in Poland
by Amazon Fulfillment
Poland Sp. z o.o., Wrocław

39900917R00060